Image de couverture : La Dame et l'Oiseau, toile de l'auteur

Parole d'oiseau

Fables

Du même auteur :

Le Beau visage Humain, Poésie illustrée - Editions B.O.D.

Le Ressac, Poésie illustrée, Editions B.O.D.

Parole d'oiseau

Didier Eudes

Editions B.O.D.

Graphisme : Didier Eudes www.bovisage.fr
Dépot Légal : mars 2014
© Didier Eudes 2014
ISBN : 978-2-322-03565-6
Editeur : Books on Demand Gmbh, 12/14 rond point des Champs Élysées, 75008 Paris, France
Imprimeur : Books on Demand Gmbh, Norderstedt, Allemagne

Pour Céline,
la Dame de mon coeur,

La Dame et l'oiseau,

La Dame est au jardin, elle s'est encore assise
à l'endroit qu'elle préfère, un banc de chêne épais,
tout en volutes rondes, adossé au rocher.

Dans son écrin de mousse, la source est à côté,
glougloutante elle chante, puis devient clair miroir
qui capture sans cesse les tons changeants du ciel.

Sa robe de coton brodée aux mille couleurs,
la Dame est reposée, immobile, en attente,
ses yeux suivent pensifs les flux changeants de l'eau.

L'oiseau vient se poser tout prêt de son oreille,
longue queue, grandes ailes, houppette sur la tête,
son plumage est paré de toutes les couleurs.

Bonjour ami l'oiseau, tu es le bien venu,
sans vraiment y penser c'est toi que j'attendais,
en cette belle journée que vas tu me conter ?

L'oiseau lui répondit : Le printemps est venu,
ce paisible jardin où vous m'avez prié
de venir à loisir, est de nouveau paré.

Pour vous remercier et pour le célébrer,

je viendrai ici même vous conter des histoires,
une pour chaque journée du joli mois de mai.

Dans les plumes variées qui composent mon costume,
et permettent mon vol, comme dans un alphabet,
chaque jour de choisir je vous proposerai.

Chaque jour votre choix, une plume de couleur,
m'inspirera le thème d'une nouvelle histoire.
ainsi fut dit, ainsi fut fait.

L'oiseau dit :
« Pour vous et vos pareilles sans lesquelles je ne pourrais fréquenter ces contrées, voici pour commencer mon hommage : »

Hommage de l'oiseau à la Dame,

En me faisant discret, Je vous vois approcher
baignée de la lumière nouvelle du printemps.
Vous êtes toute imprégnée d'un parfum de l'enfance,
un ton léger, joyeux, qui sied à ce jardin.

En me faisant discret, Je vous vois tout sourire,
avec cette précision subtile de la présence,
vos yeux à demi clos, tournés vers le dedans,
nous suggèrent un instant d'intériorité vraie.

Une lettre de l'alphabet figée dans l'immobile
avant qu'elle ne fasse mot, un silencieux discours,
une note ténue cachée sous le silence
et qui réveille en nous une calme harmonie.

Vous paraissez semblable aux pétales de fleurs,
qui dansent avec le vent comme le vol des oiseaux,
colorant tout autour et pour tout un chacun,
comme flocons de neige, des tapis chatoyants.

Chacun de vos mouvements est danse de précision,
richesse de posture à l'unisson de tout,
votre chant est le mien, c'est celui de l'oiseau,
qui murmure à l'oreille de celui qui l'écoute.

Votre vol immobile vous fait voir de plus haut,
comme une fleur jaillie d'une fracture dans la glace,
avertissant chacun qu'est revenu enfin
le temps du renouveau, que le printemps s'en vient.

Vieil Homme

Plume d'argent du 1er mai :

L'oiseau et la Dame se retrouvent à côté de la source, c'est la fin de la matinée. L'oiseau s'est posé sur la main de la Dame afin qu'elle montre du doigt la plume qu'elle a choisie.
C'est une plume d'argent de la couleur de son diadème. Le bord des ailes de l'oiseau, les puissantes plumes qui assurent le vol, déclinent, de la racine de l'aile à son extrémité, toutes les couleurs de l'arc-en-ciel pour se terminer par trois plumes d'argent et trois plumes d'or.

« Que me dites vous de l'humain d'argent, ami l'Oiseau ? »
L'oiseau s'en vient sur l'épaule de la Dame pour lui chuchoter à l'oreille.

Il dit :
« *J'étais revenu me poser très doucement juste à côté de ce vieil homme fatigué, il n'avait pas du tout deviné ma présence, j'ai lu dans ses pensées et je lui ai parlé...* »

Vieil Homme,

Tous ces visages enfouis par-delà ton visage,

ceux que tu as été, ceux que tu as aimés,
tranquille auprès du feu un souvenir, puis deux…

Jamais depuis longtemps, le souvenir de l'enfant
n'était aussi vivant, tu te revois jouant,
courant, criant, sautant, et riant aux éclats.

Tu revis la substance de ces étés sans fin,
la fraîcheur des couleurs, la pertinence des sons,
et toutes les odeurs que tu croyais perdues.

Es tu moins maintenant, vieil homme, est tu plus ?
On a toujours l'humain sur le bout de la langue,
comme une chose difficile à bien se rappeler.

Vieil homme, as-tu vraiment dans l'ordinaire des pertes
tout habillé de gris ? Je devine au travers
tes visages de couleur et toutes ces mémoires.

Elles forment en souterrain un joyau mystérieux,
une graine en attente, un abondant trésor
que tu gardes en secret dans ce temps de l'hiver.

« Je suis encore venu, » dis tu, « laver mon front
dans l'eau vive du ruisseau, je me suis rafraîchi
de longues marches lentes à travers la forêt.

En compagnie des biches j'ai parcouru les champs,
vu les clochers au loin. Je me suis rénové
de la pluie et du vent et du feu du soleil.

L'orage m'a parlé du changement du monde,
il ne tardera pas ! J'ai vu ici et là
des graines de beauté, je sais que c'est certain.

Toutes les eaux en final s'en iront à la mer,
et là, s'étant nourries des rayons du soleil,
s'envoleront, s'égailleront, pour que tout recommence. »

De temps en temps survient dans le courant rapide,
l'émergence soudaine d'étincelants joyaux,
parfois ce sont des gerbes vives et des myriades.

Où étaient ces joyaux ? et pourtant ils renaissent,
ils brillent de nouveau, ces mémoires, ces richesses,
ces visages engrangés par-delà ton visage.

Le feu éteint révèle l'écran noir de la nuit
alors que tu émerges de ton rêve silencieux,
les yeux un peu humides et le front dégagé.

Une graine a germé dans ton cœur apaisé
d'un regain de tendresse, d'un sourire d'amitié,
pour tes proches et les autres, toute l'humanité.

On a toujours l'humain sur le bout de la langue,
comme une chose difficile à bien se rappeler,
et pourtant…

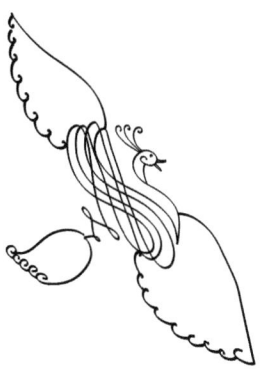

Le Rêve

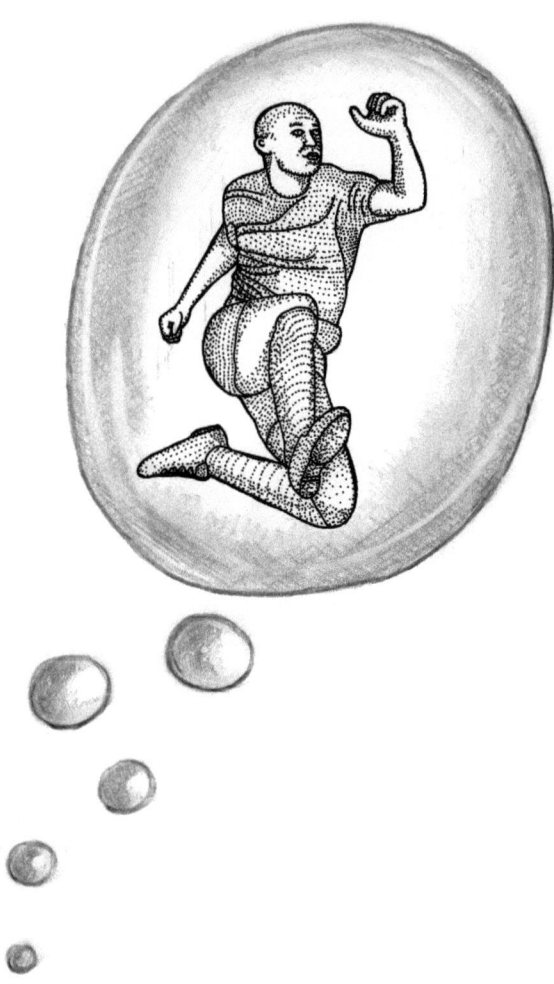

Plume bleue du 2 mai :

On trouve des plumes bleues sur tout le corps de l'oiseau et sur le haut de ses ailes avec des nuances discrètes de violet, de vert ou de turquoise. On en trouve aussi au sommet de sa tête où elles forment un plumet. La Dame choisit l'une de ces plumes « bleue comme la vastitude du ciel, » dit elle...

L'oiseau dit :
« Le sable s'écoule dans le sablier, et tu vois chaque grain, un par un, qui descend, chacun est un instant. Si tu coupais les grains en deux, il y aurait deux fois plus d'instants, dans ce même moment !

Dans un instant de rêve l'histoire de toute une vie a pu se dérouler. »

Le rêve :

Il court, il court, il prend son élan,
il réunit tout son courage, il se concentre infiniment.
Il a tant de fois répété les gestes à accomplir,
il doit être au plus juste pour pouvoir réussir.

Il court, il court, il veut être gagnant,
il écarte sans cesse les doutes et les faiblesses.

Il est sûr d'être prêt, il ne va pas faillir,
attise sans cesse sa flamme, se le répète.

Ca y est, ça y est, il ne peut pas y croire,
enfin c'est arrivé, ça y est il a gagné.
Des tribunes colorées déferlent les hourras,
les flots d'acclamations les cris et les vivats.

Alors il danse de joie, ses larmes coulent, aussi,
il pense à tous ceux-là qui l'ont porté ici.
Il les réunit tous, fête cela dignement
et songe qu'il va pouvoir se reposer maintenant.

Bruits de coups répétés, les images s'arrêtent,
son rêve tout à coup lui échappe à regret.
La dame en bleu pénètre doucement dans la chambre,
elle lui dit monsieur, je viens vous rappeler

que dans quelques instants vos enfants seront là
pour venir vous fêter vos 95 ans.

Boule

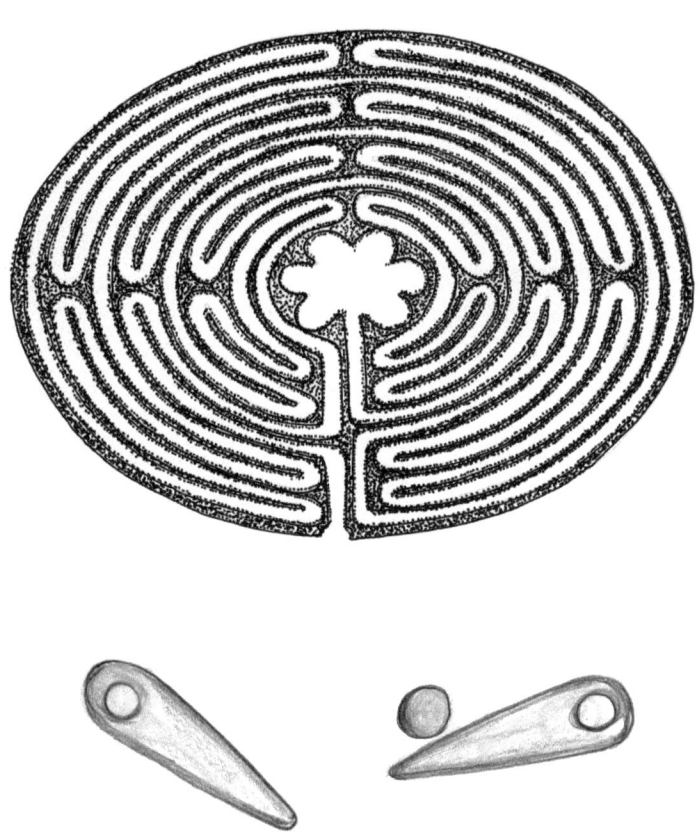

Plume de terre du 3 mai :

Ce sont de grosses plumes couleur de terre brune des ailes de l'oiseau, la Dame en choisit une :

L'oiseau dit :
« J'ai connu des rivages merveilleux, je me suis enivré des écumes et des grands espaces, j'ai volé dans le vent plus haut que les montagnes, j'ai contemplé le temps jusque avant le début et jusque après la fin. »

Boule,

Cette boule roule, cette boule roule, depuis toujours, elle roule,
toujours, pas tout à fait, car certains se souviennent qu'il y a très longtemps, quelque chose, on ne sait plus comment, a lancé son mouvement,

quelque soit la manière qu'on s'y prend, cette boule descend, même quand le chemin monte, elle descend, car comment pourrait elle sinon poursuivre ainsi, le retour en arrière ne lui est pas permis,

allant comme dans un rêve, elle se souvient à peine des trajets qu'elle parcourt, pourtant au-dedans d'elle chaque pouce de terrain a laissé son empreinte,

la boule a toujours cru être elle-même la source du mouvement qui la pousse cependant chaque fois et ce n'est pas souvent qu'elle tente de s'arrêter, elle a échoué, car elle descend, et elle est emportée même dans les montées,

le chemin lui paraît d'une infinie lenteur, parfois elle se retrouve arrêtée pour un temps et puis c'est reparti, parfois elle rebondit, parfois est relancée vers de nouveaux trajets,

roulant ainsi sans cesse, les années sont passées à la manière d'un rêve, à la fois si pressé, ça ne peut s'arrêter, et infiniment long, elle a pourtant toujours une impression fugace, comme si le jeu venait juste de commencer,

et puis, brutalement, sans avertissements, après tellement d'années, la course s'est d'un coup brutalement arrêtée, la boule toute étonnée revoit en un instant tout son cheminement,

quand un bruit de tonnerre venu d'on ne sait où, sans doute venu du ciel, résonne à ses oreilles, une voix dit ces mots :

Le Poulet

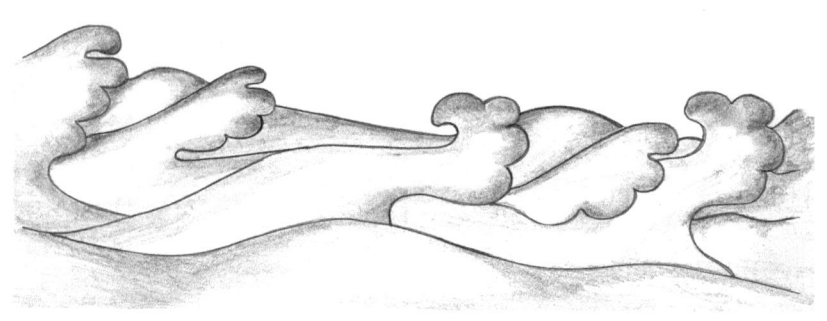

Plume blanche du 4 mai :

La Dame choisit une plume blanche. Cette plume blanche est une petite plume, presque un duvet, qui tapisse le ventre et le dessous des ailes de l'oiseau. « Une plume naissante, blanche comme une page d'écriture, pour quelque chose de nouveau qui pourrait arriver... »

L'oiseau dit :
« à mes frères endormis qui ne le sont peut-être pas complètement... »

Le Poulet,

Cet oiseau n'était pas un oiseau de basse-coure,
un oiseau résigné que l'on pourrait mener
par le bout de son nez, ou plutôt de son bec.

Cet oiseau n'était pas un oiseau ordinaire,
endormi, habitué, insouciant de ses frères,
non, pourtant,

cet oiseau de basse-coure, l'autre, le domestique,
faisait aussi des rêves et il savait qu'un jour,
il pourrait retrouver sa nature première,

qu'il viendrait lui pousser de vraies ailes d'oiseau
et pourrait s'envoler si haut,
qu'il comprendrait enfin ce qu'est sa vie ici.

Il n'a pas à se plaindre, on prend bien soin de lui,
lui donnant chaque jour nourriture et abris,
et même qu'on lui parle, mais il faisait des rêves.

Voyant ses compagnons disparaître un à un,
pour lui-même il pensait, sans doute ont-ils trouvé,
certains d'entre eux au moins, moyen de s'envoler,

moyen de s'en aller courir dans les étoiles
et de virevolter dans les matins d'argent
en tenant dans son bec une fleur du printemps.

Juché sur son perchoir quand les chamailleries
et tout le tintamarre de ses frères poulets
s'était tu pour la nuit, il lui venait des rêves.

Cet oiseau n'était pas un oiseau ordinaire,
le diamant à son front, son plumage de couleur
et sa noble apparence nous prouve le contraire.

Il repose pour toujours, comme un hôte discret,
juste derrière le cœur du poulet endormi,
et ainsi chaque nuit il lui souffle des rêves…

Le Bonhomme des jardins

Plume verte du 5 mai :

Les plumes vertes sont aussi de fortes plumes du bord arc-en-ciel des ailes de l'oiseau, il n'y en a que quelques unes. La Dame choisit l'une d'entre elles, d'un vert vif, couleur d'herbe, le vert de l'activité incessante de la nature.

L'oiseau dit :
« J'ai volé, léger, dans les champs de couleur, jusqu'à l'horizon. J'y ai creusé la terre pour planter un arbre, ce sera une forêt, quand je reviendrai. »

Le Bonhomme des jardins,

Voici qu'il apparaît, frêle comme le roseau,
puissant comme le chêne, le bonhomme des jardins,
il peut à volonté changer son apparence,
il vit dans la forêt, en compagnie des biches.

Souvent ses pas dansants le mènent joyeusement
à traverser les plaines, en visite aux jardins,
ils sont ses bons amis, depuis les temps anciens,
il sait en prendre soin et connaît leurs secrets.

Il est parfois l'acteur d'une grande activité,
agissant de partout, comme s'il avait mille bras,

faisant le geste juste au moment opportun,
pour que la vie prospère, pour que les fruits soient beaux.

Il aime par-dessus tout couvrir la terre de fleurs,
des fleurs aux mille formes et de toutes les couleurs,
il en invente sans cesse de nouvelles variétés,
pour allumer le cœur des bêtes et des humains.

Il est capable, aussi, d'une longue patience,
lorsque le bon moment n'est pas encore venu,
jusqu'à ce que les temps soient de nouveau propices
à préparer la terre, à planter une graine.

Son visage est parfois celui d'un homme âgé,
mais à d'autres moments on le dirait tout jeune,
il est capable alors de rire et de danser
et son rire contagieux résonne encore ici.

Il sait mieux que tout autre le jeu du changement,
il sait les grands désastres et les graines égarées,
les furieux cataclysmes où tout semble perdu
et le bourgeon nouveau qui redonne l'espoir.

De temps en temps aussi, quand tout est accompli
quand est venu l'automne, il peut se reposer,
il passe de longs moments à conter des histoires,
il les dit à voix haute, il les envoie au vent.

Ces histoires viendront un jour dans nos contrées,
des histoires pour l'hiver, pour les dire à l'abri,
ce sont de bonnes histoires quand la nuit est tombée,
elles parlent des jardins, mais aussi des humains,

ceux-là des temps anciens, absents de nos légendes,
ceux-là qui connaissaient les secrets de la terre,
elle faisait partie d'eux, ils faisaient partie d'elle
et ils l'ont sauvegardée pour leurs enfants lointains.

Il sait le dur travail, et le temps du repos,
le vide de l'attente quand tout est accompli,
juste le temps qu'il faut pour conter des histoires,
et chanter à voix douce de longues mélopées …

La Plume des Dieux

Plume bleue du 6 mai :

La plume bleue que la Dame choisit pour le six mai est une forte plume des ailes de l'oiseau, elle est d'un joli bleu ciel très lumineux. « Une plume bleue comme la terre, la planète bleue... »

L'oiseau dit :
« L'humain :
Les deux pieds sur la terre, la tête dans le ciel,
une fleur à la main, et l'un des miens
sur l'épaule, qui lui parle à l'oreille. »

La plume des Dieux,

Longtemps, longtemps avant la naissance du monde,
sur la table des Dieux, dans un décor fastueux,
reposait bien en vue une jolie plume bleue.

Cette plume n'était pas la plume d'un oiseau,
il s'en faut de longtemps que naisse le premier,
c'était juste une pensée, comme un rêve éveillé.

Cet être magnifique la tenait dans ses doigts,
il la faisait tourner rêveur dans la lumière
qui jaillit de partout dans cet univers là.

Le mouvement de la plume lui donnait à penser
car il savait qu'un jour elle serait importante
pour des êtres à venir sur une terre qu'il pressent.

Il observe à présent la naissance de la terre,
une planète toute bleue, il voit ses continents
formés et transformés par la magie du temps.

Il voit ces femmes, ces hommes, se dresser et marcher
sur ce monde tout neuf, ils ont peint leur visage
et orné leurs cheveux d'une longue plume bleue.

Le bel être a sourit, car il sait que ceux-là
ne l'ont pas oublié, ils portent la noblesse
de l'être magnifique qui les avait rêvés.

Il voit ces femmes, ces hommes, poser la plume bleue
à côté de l'enfant nouveau né lui disant :
rappelle toi ton lignage, petit, tu viens de loin !

L'être doux et paisible laisse encore quelques temps
les images défiler, il contemple l'histoire
de ces êtres humains, voit leur nombre augmenter.

Il voit comment ceux-là bientôt perdent de vue
leur nature profonde, il voit les guerres, le feu,
il voit le vide étrange se répandre parmi eux.

Puis un jour cet enfant, courant, courant,
à la suite de l'oiseau, tentant de l'attraper,
l'oiseau aux mille couleurs, mais sans y arriver.

Las de tous ses efforts, dépité, essoufflé,
l'enfant s'est arrêté et miracle l'oiseau
à quelque pas de là gracieux s'est posé.

L'enfant dit : « bel oiseau voudrais tu s'il te plait,
me faire le cadeau de l'une de tes plumes,
j'en voudrais une bleue, pour mettre dans mes cheveux. »

L'oiseau a l'œil qui brille et d'un coup de son bec
a arraché la plume et vient la déposer
à côté de l'enfant, sitôt s'est envolé.

L'enfant un peu ému prend dans sa main la plume
et il la fait tourner, rêveur, dans cette lumière
qui lui semble jaillir de partout ce jour là.

Le Roi endormi

Plume jaune du 7 mai :

On trouve quelques fortes plumes jaunes au bord des ailes de l'oiseau et de plus petites au bas de son cou. La Dame a choisi l'une de ces petites plumes qui forment comme un cercle de couleur arc-en-ciel autour du cou de l'oiseau, elle est de couleur jaune d'or comme la couronne du Roi.

L'oiseau dit :
« Le Roi m'a mis en cage, car il a toujours cru que de manière magique je pourrais fabriquer de nombreux fruits en or pour remplir son trésor.
Certes je pourrais le faire, mais il faut pour cela que j'aie la liberté, je vais manger les fruits puis m'envole plus loin et sans me soucier je plante des forêts.

La Dame l'avait compris et l'enfant le savait, ils ont ouvert la cage. »

Le Roi endormi,

Le Roi repose assis sur le trône doré
de la salle de pierre aux belles tentures tissées,
le Roi repose assis dans ses plus beaux atours,
pourtant la salle est vide, elle semble désertée.

Le Roi est imposant, sa couronne et son sceptre
luisent des couleurs de l'or dans le jour déclinant,
le Roi est imposant dans ce palais grandiose,
entouré des portraits des ancêtres puissants.

Le Roi est endormi depuis on ne sait quand,
son souffle est régulier et sa barbe a poussé,
le Roi est endormi, tout autour fait silence,
la musique s'est tue, les danseurs sont partis.

Il rêve dans son sommeil qu'il chevauche à nouveau
son grand cheval tout blanc, rapide comme le vent,
il rêve dans son sommeil, dans son rêve il parcourt
plus loin que l'horizon d'incroyables trajets.

Il gravit les collines, dépasse la forêt,
traverse les rivières, s'en va jusqu'à la mer,
il en revient blanchi par le sel et l'écume,
imprégné de parfums de terre et de fougère.

Le Roi est endormi et un sourire joyeux
éclaire pour un instant son visage figé,
une cloche de cristal vient rompre le silence,
alors que le palais semble se réveiller.

Il renaît à ses fastes de danses et de festins,
de jongleurs et d'artistes, juste le temps d'un rêve,

tous ces gens assemblés qui bavardent gaiement,
on entend rire la Reine son enfant dans les bras.

Puis le visage du Roi se fait calme et profond,
comme si son regard se faisant pénétrant,
s'en venait traverser des miroirs successifs
pour trouver une réponse aux questions qui le hantent.

Dans son rêve il chuchote : voici un si long temps
que je suis endormi et je crois que c'est juste,
cette forteresse n'est plus que forteresse de rêve,
il n'en reste plus rien, tous ses murs sont tombés.

Tout cela est terminé : la rumeur des combats,
le beuglement des trompes, le fracas du métal
et le choc des armures de ces fiers chevaliers,
leurs luisants boucliers et les beaux oriflammes.

Mes armées ont maintenant déserté cette terre,
mon règne est terminé, mais il me reste un vœu,
j'aimerais tant un jour par une grâce spéciale
pouvoir le rencontrer, même pour un petit temps,

cet être humain nouveau, cet être humain de paix,
celui qui vient après le temps lourd du pouvoir,
cet être humain joyeux que j'appelle de mes voeux
celui qui je l'espère sera là après moi.

Le Dragon qui sommeille

Plume rouge du 8 mai,

La Dame a choisi une plume rouge du cou de l'oiseau,
son rouge est très vif, couleur de feu.

Elle dit :
« On dit que les oiseaux seraient les descendants des
dragons des vieux temps, je ne sais pas si c'est vrai ! »

Le Dragon qui sommeille,

Au pays du volcan, dans les grottes profondes,
proche du lac miroitant de lave incandescente,
c'est ici que repose, depuis toujours dit-on,
le dragon qui sommeille, si grand, si imposant.

Il repose entouré de ses précieux joyaux
qui forment un coussin très doux à son repos,
l'endroit est gigantesque, vaste comme un palais
et il trône au milieu endormi et souriant.

Certains ont prétendu qu'il aurait usurpé
pour les garder pour lui les grands trésors des hommes,
mais ce n'est pas ainsi, les joyaux qui l'entourent,
sont aussi vieux que lui, ils ont l'âge de la terre.

Ces joyaux viennent au jour une fois de temps en temps
alors que se ranime le grand feu du volcan,
lorsque le dragon gronde, qu'il crache et qu'il rugit,
libérant les torrents de son feu intérieur.

Ce dragon très ancien, le plus ancien de tous,
est habillé de rouge, et paré de rubis,
il a de grandes ailes, bien sûr, sinon comment,
grand comme une montagne, pourrait-il s'envoler.

Au tout début de tout, c'est ce dragon lui-même
qui au détour d'un rêve a pensé les humains,
il voulait partager les secrets de la terre,
la beauté des rochers, et la force du feu.

C'est bien lui à nouveau qui dans les temps anciens
a montré à certains le travail des métaux,
le rire du dragon, c'est tout l'or de la terre,
et l'argent rutilant pour des bijoux gracieux.

Le dragon a souri lorsque les joyaux bruts,
les joyaux de couleur qu'il a laissé partir,
ont roulé si longtemps dans le lit des rivières,
qu'ils ont pris forme ronde irradiant la lumière.

Il est extrêmement rare que le dragon s'envole
mais il le fait parfois, au bout d'un très long temps,

pour venir vérifier que les trésors précieux
qu'il a légué à tous sont bien utilisés.

Le dragon va dormir ouvrant à peine un oeil
une fois de temps en temps, jusqu'à ce qu'il lui incombe,
à la fin de notre ère, de fondre la matière
de son feu sans égal, pour que tout recommence.

L' Enfant Bleu

Plume bleue du 9 mai :

La Dame choisit ce matin une petite plume bleue du dessus des ailes de l'oiseau, cette plume a la couleur du lapis lazuli, un bleu profond.
« Certains disent que ce bleu est une couleur qui guérit... »

L'oiseau dit :
« Vraiment charmant, ce temps de la découverte, ce temps vacant, une passerelle, un espace béant, la respiration du silence qui préside à une grande découverte, le cœur posé, reposé, qui attend, présent, le nouveau déjà arrivé, une éclaircie, une pause, l'enfant est là, joueur, vif et vivant. »

L'Enfant bleu,

Il revient, il revient, le marcheur solitaire
et serein, il revient de si loin,

il a marché au bout de tous les paysages,
parcouru les montagnes, les plaines et les vallées,

les forêts, les rivages, traversé les déserts,
s'est baigné dans la mer, plongé dans la rivière,

il s'arrête au village, s'assied au pied d'un arbre,
s'enveloppe de son châle et se prend à chanter,

il chante le temps qui passe, le changement de tout,
les faiblesses de l'humain, et aussi sa grandeur,

il chante la beauté, c'est le chant des oiseaux,
le souffle des forêts, le rythme de la mer,

léger comme le torrent, profond comme le tonnerre,
et calme aussi, si calme,

chacun s'est approché, a donné un présent,
tout simple ou très précieux à ce grand voyageur,

son visage apparaît, on dirait un enfant,
il paraît tout joyeux, puis tout à coup sérieux,

puis profond, puis il rie, le vent léger agite,
comme les feuilles d'un arbre, ses longs cheveux tout bleus,

le soleil fait des ombres sur sa peau bleu azur,
ses vêtements de coton ont la couleur du blé,

chacun s'est installé afin de l'écouter,
hommes, femmes et enfants, tous en sont pénétrés,

il leur parle d'eux-mêmes d'une manière intime
et chacun voit sa vie défiler en entier,

chacun ressent son cœur devenir plus léger,
plus libre et plus joyeux en ce jour du printemps.

L'Enfant bleu a chaussé ses sandales de vent,
ce soir il dormira au sein de la forêt,

les biches se feront les gardiennes de sa nuit,
alors qu'il va rêver un doux sourire aux lèvres,

ils vont se souvenir longtemps de son passage,
et garderont ses chants, ses visites sont si rares,

d'ailleurs de mémoire d'homme qui peut se rappeler
de la dernière venue de l'Enfant bleu.

Paroles de Poisson

Plume rouge du 10 mai :

La Dame choisit l'une des fortes plumes rouges de la bordure arc-en-ciel des ailes de l'oiseau, une plume rouge comme le corail.

L'oiseau dit :
« L'humain regarde le poisson tourner dans son bocal, cela fait naître en lui un dépaysement, un bizarre sentiment de liberté. Le poisson lui aussi regarde à l'extérieur et voit l'humain tourner, il sait qu'à lui aussi il manque quelque chose. Je crois que l'un et l'autre aspirent à voler ! »

Paroles de poisson,

J'ai toujours la mémoire des rivières profondes
où vivaient mes ancêtres, hélas, je tourne en rond
dans cette boule d'eau si étroite à mon cœur.

De rondes billes de verre sont dispersées au fond
de mon monde sphérique, le jeu de la lumière
dans ces joyaux discrets réveille ma mémoire.

Le rouge de mes écailles s'y reflète parfois
et pour un court instant, je me sens vivifié,
je crois vivre à nouveau la splendeur du passé.

Nager dans le courant et sauter hors de l'eau
sous la voûte étoilée, être baigné de lune
ou des feux du soleil, pouvoir nager longtemps…

Alors je tourne en rond, cherchant à découvrir
un passage vers l'ailleurs, tentant de recouvrer
la mémoire fugace de mes frères majestueux.

Peut être est-ce que je suis le dernier de ma race
exilé en ce lieu, j'ai perdu tout espoir
de pouvoir m'échapper si ce n'est par le ciel.

Les beaux poissons volants m'ont soufflé la mémoire
du peuple migrateur et je veux croire qu'à force
de tellement le vouloir des ailes me viendront,

et qu'à la condition de demeurer discret,
je pourrai m'envoler, pour retrouver enfin
les vastes océans du pays des ancêtres,
où mes frères les dauphins, ces drôles de magiciens,
viendront m'accompagner.

MAMAN ! MAMAN ! Le poisson rouge n'est plus
dans l'aquarium, je ne sais pas ou il est passé, je crois
bien qu'il s'est envolé !
Voyons, tu sais bien que les poissons ne peuvent pas
voler !

L' Oeuf

Plume arc-en-ciel du 11 mai :

Il y a une longue plume arc-en-ciel de chaque côté de la queue de l'oiseau, c'est vraiment une très belle plume, et la plus longue de toutes ; c'est celle-ci que la Dame a choisie. « L'arc-en-ciel est un lieu de réconciliation, je sais que vous l'avez traversé maintes fois, ami l'Oiseau, que vous inspire-t-il ? »

L'oiseau dit :
« Je crois qu'il fût un temps, il y a fort longtemps, où l'humain comprenait beaucoup mieux mon langage... »

L'œuf,

Cet œuf tout rond, posé sur le rivage
de la plage déserte, cet œuf tout rond
se réchauffe lentement sous les feux du soleil.

Dans son for intérieur, tapie là en secret,
une vie est présente, elle reprend ses droits,
elle grandit et forcit, un peu plus chaque jour.

L'oisillon se souvient, ballotté si longtemps
et tellement secoué, emporté par les vagues,
au milieu des tourmentes, il était en sommeil.

Il attendait le jour d'un grand évènement,
de quoi il ne le sait, cela viendrait un jour,
il ne peut en douter et c'est très important.

Il rêve de temps en temps au vol de ses parents
il y a si longtemps, ces oiseaux majestueux
au plumage de couleur, dont il est l'héritier.

Il croit même ressentir l'ivresse de voler,
partagée avec eux, il voit de grands espaces,
la mer vue de plus haut et de beaux paysages.

La chaleur du soleil et puis le sentiment
tout à coup très présent que l'heure est enfin proche,
même après tout ce temps, cela va arriver.

C'est un étrange calme, puis une grande énergie,
pour frapper et briser de son bec l'enveloppe
qui pendant si longtemps l'a si bien protégé.

La lumière qui fuse, la coquille se fend,
puis tombe complètement, il peut sortir la tête
et se libère enfin, il s'ébroue au grand jour.

A déployé ses ailes et trouve en un instant
le chemin de l'envol, le monde est étonné
de retrouver le chant de l'oiseau arc-en-ciel.

Le Messager

Plume orange du 12 mai :

La Dame choisit aujourd'hui une plume turquoise sur le dos de l'oiseau. « Les humains des hautes montagnes, les indiens des Andes, ou les tibétains, portent souvent des parures de turquoise, savez vous que ceux-là peuvent courir pendant des dizaines de kilomètres ? »

L'oiseau dit :
« Reviens, reviens, joli papillon, où vas-tu si loin ? »

Le messager,

Il court, il court, il court depuis trois jours,
le messager, il parcourt les contrées
les cheveux dans le vent, les pieds un peu ailés,

il court, il court, dans la pluie et la neige,
il court, la nuit, le jour, il transmet la nouvelle,
ça y est il est né ! il est en bonne santé !

Cela fait bientôt dix années sans plus aucune naissance,
le monde est trop empoisonné, ont travaillé dix ans
à nettoyer la terre, à purifier les eaux,

à changer les manières de faire, à être heureux avec un peu,

un peu moins d'objets, cela a pris dix ans,
dix ans c'est peu, pour voir un changement,

tout le monde s'y est mis, dans toutes les contrées,
à avoir des idées, à trouver des méthodes
pour assainir la terre, nettoyer l'eau et l'air,

et c'est le premier signe la naissance d'un bébé,
après toutes ces années, on a noté aussi
qu'ici et là volaient des papillons nouveaux,

cela a pris dix ans pour voir un changement,
dix ans c'est peu, il court, il court,
le messager, il court depuis trois jours,

il passe le relais à d'autres messagers,
et ils sont des milliers à porter la nouvelle,
il est né, il est né, il est en bonne santé !

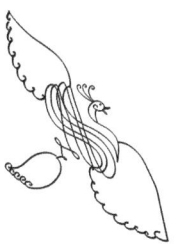

Mémoire d'Or

Plume d'or du 13 mai :

Il y a trois longues plumes d'or aux extrémités des ailes de l'oiseau, la Dame a choisi la dernière, la plus longue. « L'or est parfois apparence, parfois symbole ; quel est le sens de cette belle plume d'or que vous portez au bout des ailes, comme pour donner la direction ? »

L'oiseau dit :
« Les bijoux, ou les œuvres d'art, ne sont pas des objets ordinaires, plus que d'autres, ils sont conçus du mystère, ils sont comme le langage : Façonner dans la matière quelque chose qui vient du rêve ou du symbole, aucun animal ne porte de bijoux à part certains des miens, quelquefois.

Mémoire d'or,

Vous savez, sur la terre, pas un seul gramme d'or,
pas une seule parcelle ne saurait disparaître,
bien sûr il est possible qu'elle se soit égarée,
que quelqu'un l'ai cachée, ou dérobée,
mais tout ce que les hommes de tous temps ont trouvé,
ces tonnes de minerai, cet or est toujours là.

En fonction des époques, les artisans habiles

lui donnent l'apparence des rêves des humains,
ils en font des parures ou des objets sacrés,
des alliances, des sculptures, des bijoux, des monnaies,
d'une époque à une autre les figures sont changées,
les précédentes étant chaque fois oubliées.

On recouvre avec lui les statues vénérées
des saints ou des bouddhas et des multiples dieux,
Il a été longtemps le soleil des indiens
et avant d'autres formes d'autres bijoux précieux.

Dans d'autres univers, dans des temps très anciens,
avant, longtemps avant, la naissance de la terre,
cet or, oui le même or, a pris des formes étranges
pour le peuple étonnant d'une planète lointaine.

Ces joyaux orphelins ont reposé longtemps
en surface de ce monde, mémoire de sa beauté,
puis tout fut consumé. c'est ainsi que plus tard
de ces matériaux nobles notre terre fut créée.

Un jour, dans si longtemps qu'on ne peut l'imaginer
longtemps après les hommes, le jeu se répétera,
et l'art de tous les peuples, de toutes les époques,
viendra se résorber dans un nouveau minerai,
un minerai voyageur qui prendra d'autres formes
pour des êtres vivants d'autres mondes plus loin.

Grand père Éléphant

Plume ocre rouge du 14 mai :

La Dame choisit aujourd'hui l'une des petites plumes ocre rouge du cou de l'oiseau, là où se dessine un collier aux couleurs d'arc-en-ciel. « Les Humains de l'ancien temps peignaient leur corps aux couleurs de la terre... »

L'oiseau dit :
« Certains regardent le monde comme on voit au-dedans ! »

Grand père éléphant,

Tu es couvert de boue, tout rougi de la terre,
tu sors juste de l'eau, de t'y être vautré,
le soleil a craquelé l'argile sur ta peau
te faisant le manteau qui sied à ces contrées.

Tu te tiens là debout imposant sur tes pattes
qui semblent les colonnes d'un majestueux palais,
l'ocre te décorant de mystérieux motifs,
tu apparais géant, comme souriant.

Tu sembles très ancien un peu comme l'ancêtre
qui porterait en lui la mémoire de la terre,
alors que tu t'ébroues que tu secoues la tête

tes oreilles pareilles aux ailes d'un oiseau.

Tu as dressé ta trompe, tu y vas de ton chant,
de ton barrissement, afin que tous entendent,
« dans le monde vivant comme dans un collier
tout est relié, » dis tu, « et tout dépend de tout,

la nature se maintient en précaire équilibre,
chaque espèce est vitale à la survie de tous,
qu'elle soit la plus petite ou même la plus laide,
géante comme les miens, ou puissante comme le lion. »

Il a fait son discours, la brousse lui répond,
lui faisant parvenir de multiples messages,
écartant les feuillages il s'en va d'un pas lent
plus loin que l'horizon, grand père éléphant.

Le rendez vous de la Licorne

Plume blanche du 15 mai :

Une petite plume blanche, légèrement bleutée à son extrémité, elle tapisse le dessous des ailes de l'oiseau. La Dame l'a choisie ce matin : « Une petite plume blanche et bleue, blanche comme la pureté de la neige, bleue comme la paix... »

L'oiseau dit :
« Le grand arbre a poussé en une nuit, en une nuit, ce n'est pas possible, dans ses branches une graine se développe rapidement, un autre arbre prend appui, puis un autre sur l'autre, puis un autre, arbre sur arbre ils grandissent tous dans le même temps, le dernier a fleuri tout en fleurs, le dernier a grandi jusqu'à toucher le ciel, l'eau du ciel a glissé suivant le cours des branches, d'arbre en arbre elle ruisselle, s'écoule vers le sol, merveilleuse cascade s'en vient former un lac autour du tronc de l'arbre, c'est juste ce qu'il faut pour le bain de dame Licorne.

Le rendez vous de la Licorne,

Douce et agile, gracieuse et belle,
elle trouve aisément son chemin,
la Licorne légère, au rendez vous secret,
tranquillement s'en vient.

Elle est l'unique dépositaire, la dernière,
d'un savoir oublié, et elle est en chemin
vers le lieu ou transmettre, pour le grand rendez-vous.

Elle aperçoit au loin les sommets enneigés,
alors qu'elle dépasse l'orée de la forêt,
elle saute, elle caracole dans les verts pâturages.

Les collines traversées, elle évolue maintenant
dans le réseau des lacs et des nombreux ruisseaux
tout gonflés par la fonte des neiges du printemps.

Le soleil fait briller la surface des eaux
lisses comme des miroirs d'un profond bleu turquoise,
de partout à la fois, les fleurs sont sorties.

Les signes sont bons dit elle, humant dans l'air léger
les parfums si variés, c'est vraiment un moment
de renouveau et de beauté, je ne me trompe pas.

Encore quelques pas et elle est arrivée
au but de son voyage, le petit lac secret
où déjà autrefois s'était faite la rencontre.

C'est un lieu plein de sources, l'eau jaillit du rocher
pure, claire et glacée, on entend son chant régulier
avec en filigrane une musique de cristal.

Les berges arrondies délicatement sculptées,
sont couvertes de mousses, tout autour l'herbe rase
forme comme un tapis semé de beaux rochers.

Douce Licorne se baigne dans cette eau vivifiante,
puis galope et s'ébroue, secouant dans l'air léger
sa crinière argentée, puis se sèche au soleil.

On devine de loin les cris vifs des enfants,
bien avant de les voir, Licorne agile sourit,
elle savait qu'ils viendraient, qu'ils seraient là à l'heure,

et voici qu'ils arrivent, les sacs de voyage
portés en bandoulière, de solides chaussures,
tout poussiéreux et tout bronzés de leur périple piétonnier.

Cheveux bruns, cheveux blonds, cheveux noirs,
cheveux rouges,
des filles et des garçons avancent tout animés,
ils aperçoivent bientôt la Licorne gracieuse.

Ils poussent des ha ! des ho ! s'approchent intimidés,
viennent s'asseoir autour d'elle, belle Licorne immobile,
s'est juste un peu dressée, on voit son œil briller.

Je vous attendais leur dit elle, je savais que vous viendriez,
car le moment est arrivé de renouer l'ancien pacte

qui jadis m'unissait aux grands pères de vos grands pères.

D'abord pour commencer, allez donc vous baigner,
pour bien vous nettoyer des poussières de la route,
allez manger, vous restaurer, puis revenez me voir.

Nettoyés et repus, les enfants soigneusement
ont maintenant passé leurs plus beaux vêtements,
se sont assemblés tout silence, toutes oreilles, tous
ensemble.

Légère Licorne de dire : Ce monde m'a oublié,
vos pères et vos mères me prennent pour une légende,
on ne peut pas leur en vouloir, mais si vous le voulez...

Douce Licorne se lève, et vient taper sa corne
sur le bord d'un rocher, les enfants sont un peu effrayés,
elle la piétine de ses sabots, elle la brise en mille morceaux.

Elle dit, venez, prenez, il y a juste le compte,
et tous de venir prendre avec grande précaution
le fragment de sa corne qu'elle leur donne en présent.

Gardez cette part de moi, dit-elle, et rappelez vous toujours
le respect de la terre et celui de toute vie,
le respect de ce que vous êtes, transmettez cela à vos enfants.

Et maintenant, allez. Chacun s'est approché
et Licorne agile a posé son museau sur l'épaule
contre le cou de chacun dans un geste câlin,

puis les enfants comblés, se remettent en chemin.
Au bout d'un petit temps, ils se sont retournés
et voient Dame Licorne en relief sur le ciel,

elle baigne dans le soleil, sa grande corne dressée
a déjà repoussé, s'en vont le cœur léger.

Un Arbre

Plume verte du 16 mai :

La plume verte que la Dame choisit aujourd'hui est une forte plume de la bordure des ailes de l'oiseau, elle est d'un joli vert émeraude. « Vert émeraude comme un verre grossissant, ou une boule de cristal, pour voir ce qui ne peut être vu…»

L'oiseau dit :
« Chaque pétale de la fleur est unique, et tu ne peux voir en détail, voir vraiment, qu'un seul à la fois, aussi chacun d'entre eux est aussi un instant.

Pétale après pétale, tu fais bientôt le tour de la fleur toute entière, pour revenir au commencement, et ce n'est plus pareil, chacun de ces pétales t'a appris quelque chose, et tu peux étonné voir la fleur en entier d'une manière nouvelle.

Chaque fleur du jardin est unique, et tu ne peux voir en détail, voir vraiment, qu'une seule à la fois, aussi chacune est aussi un instant… »

Un arbre,

Il faudrait plus qu'un arbre pour relier la terre et le ciel, d'ailleurs qui peut savoir ce que peut bien être le ciel,

qui sait où il commence et où donc il s'arrête,
qui pourrait le comprendre, quand l'espace est sans fin,

le ciel est une pensée issue de notre monde,
changeant suivant le temps et nos manières de voir.

Cet arbre mesurait un mètre soixante dix,
un mètre quatre vingt, comme tout un chacun,
il a un tronc puissant et se dresse en confiance,
enfouissant ses racines profondément en terre,

il ouvre grand ses feuilles au soleil et à l'air,
déploie ses longues branches pour inviter chacun,
elles sont parées de fleurs en ce grand jour de fête
c'est son anniversaire, aujourd'hui 24 ans.

L'objectif zoom arrière va loin, beaucoup plus loin,
afin de nous montrer la planète en entier.

La terre mesurait un mètre soixante dix,
un mètre quatre vingt, comme tout un chacun,
elle sait bien qu'à son âge elle ne grandira plus,
ayant atteint la taille d'une honnête planète,

elle vient joyeusement d'activer un volcan
pour souffler ses bougies car elle a 24 ans,
entourée de ses frères et de ses sœurs multiples

elle compose sans cesse un majestueux ballet,

ils tournent dans l'espace dans des courbes superbes
sans cesse se croisant, complices et souriants.
L'objectif zoom arrière, ouvrant plus grand le champ,
et vient appréhender la danse dans son entier.

Galaxie mesurait un mètre soixante dix,
un mètre quatre vingt, comme tout un chacun,
entourée de ses frères et de ses sœurs multiples
sa danse magnifique sans cesse se déploie,

comme des vols d'hirondelles, des milliards chaque fois,
dessinant dans le ciel des figures complexes,
elle allume une étoile pour fêter l'évènement,
elle vient juste, en effet, d'atteindre 24 ans.

Il faudrait plus qu'un arbre pour relier la terre et le ciel,
d'ailleurs qui peut savoir ce que peut bien être la terre,
qui sait où elle commence et où donc elle s'arrête,
quand une pincée de terre abrite un univers,

la terre est une pensée issue de notre monde,
changeant suivant le temps et nos manières de voir.

La fourmi s'activait à grimper sur le tronc,
sur l'écorce de l'arbre pour trouver quelque feuille,
à découper menu, à porter sur sa tête,
à ramener rondement en provision, à la maison.

La fourmi mesurait un mètre soixante dix,
un mètre quatre vingt, comme tout un chacun,
elle s'active fébrilement, et c'est un grand moment,
car on va lui fêter ce jour ses 24 ans.

La fourmi qui s'active, et le regard descend
dans l'espace agrandi de son corps en mouvement,
les rouages compliqués travaillent obstinément,
puis plus loin, bien plus loin, tout un monde apparaît.

Dame cellule exultait dans son monde de couleurs
qui ressemble beaucoup au récif de corail,
ils sont là mille milliards sans cesse se dévouant
à une tache précise accomplie promptement.

Dame cellule mesurait comme tout un chacun
un mètre soixante dix, un mètre quatre vingt,
et allez vous le croire, c'est un évènement
car elle a aujourd'hui tout juste 24 ans.

La cellule qui s'active, et le regard descend
dans l'espace agrandi de son corps en mouvement,

voyez dans son palais la chaîne d'A D N,
puis plus loin, bien plus loin, tout un monde apparaît.

Sieurs atomes, électrons, protons, dames photons,
toute une population se consacre à sa tâche,
je ne vous dirais rien pour ceux-là de leur taille
non plus que de leur âge vous le savez déjà,

puis plus loin, bien plus loin…

Il faudrait plus qu'un arbre pour relier la terre et le ciel,
d'ailleurs qui saurait dire ce que peut bien être l'humain,
qui sait où il commence, et où donc il s'arrête,
quand on a contemplé ses visages si variés,

l'humain est une pensée issue de notre monde,
changeant suivant le temps et nos manières de voir.

Le Visiteur

Plume orange du 17 mai :

C'est une grande plume orange, oui orange, de cet orange vif qui fait la robe des moines bouddhistes ou des saddhus indiens que la Dame a choisie, c'est une plume de la longue queue de l'oiseau.

L'oiseau dit :
« La beauté naît du calme, de l'espace, et de l'être,
alors un seul objet déclencheur de beauté
pourra nous rendre heureux, comme un catalyseur,
car il vient réveiller la sève de nos cœurs.

La beauté ne dure pas, elle est dans l'éphémère,
elle n'est pas séparée du flux de notre esprit,
il faut le cultiver comme on fait d'un jardin,
il faut bien qu'il soit beau pour que vienne la beauté.

Pour servir la beauté, l'eau se fait transparente,
le soleil chaque jour accepte de se lever,
les oiseaux et les fleurs s'habillent de couleurs,
le dauphin me l'a dit cependant qu'il dansait.

La beauté est un temps précieux de convergence
qui nous convie soudain à un espace plus grand,
les instants de beauté existent pour toujours
et pour toujours ils sont dans le cœur des humains. »

Le visiteur,

Ce visiteur n'est pas vraiment un étranger,
j'ai l'impression déjà de le connaître un peu,
il vient du fond du temps ou de lointaines contrées,
témoignage vivant d'une autre humanité.

L'homme apparaît vêtu d'un pagne de tissus,
il a la peau brillante, d'ocre rouge teintée,
il porte autour du cou une pierre allongée,
pierre bleue comme le ciel qu'elle semble refléter.

Un sourire léger, des cheveux vraiment noirs,
de longues plumes oranges dressées dessus sa tête,
s'assied à même le sol, avec les jambes croisées,
ôte la pierre de son cou, devant lui l'a posée.

Il dit : là d'où je viens, c'est déjà le matin,
toute la nature exulte et les oiseaux s'ébrouent,
nous prenons la beauté au petit déjeuner,
parant nos corps de feuilles, de peintures ou de plumes.

Nos maisons sont construites de la terre et du bois,
près de l'eau et des arbres, au bord de la forêt,
nous gardons la mémoire des ancêtres lointains,
car ils nous ont transmis et nous n'oublions pas.

Cette pierre que je porte a la couleur de l'eau
et les reflets du ciel, elle éclaire nos rêves,
elle signifie pour nous la noblesse de l'humain,
la recherche du sens, le respect de la terre.

Tous nos objets sont faits des dons de la forêt,
nous les voulons tout simples et nous les voulons beaux,
notre vie se déroule au milieu des oiseaux,
et nous portons leurs plumes, pour mieux leur ressembler.

L'homme avec un sourire sort alors de son sac
une petite flûte, toute en bois, colorée,
après un court silence il a fermé les yeux,
porte la flûte à ses lèvres et commence à jouer.

Une musique émerge d'abord à peine audible,
puis s'habillant bientôt de rythmes syncopés,
une musique habitée de la chanson du vent,
du langage de la terre, des cris des animaux.

Elle éveille en images le passage des saisons,
la danse du changement, la pluie et l'arc-en-ciel,
elle dit à sa façon l'incessant mariage
au travers de l'humain, de la terre et du ciel.

Danse Sacrée

Plume rouge du 18 mai :

La Dame choisit une des grandes plumes rouges de la bordure arc-en-ciel de l'aile de l'oiseau. « Une plume du rouge de l'argile, du rouge de la terre... »

L'oiseau dit :

« Au premier battement du tambour, tout s'arrête,
au deuxième battement, le cœur devient sensible,
au troisième battement, les oiseaux migrateurs prennent leur essor, chacun entrevoit l'espace, les oiseaux ont bientôt dépassé la montagne et c'est une grande allégresse,
au quatrième battement, le mouvement infini et gracieux des planètes apparaît,
au cinquième battement,
tout redevient silence. »

Danse sacrée,

Tu as peint ton visage des peintures sacrées,
pour laisser apparaître ton visage caché,
tu t'habilles avec soin des plumes de l'oiseau,
lui qui voit de plus haut,

et chacun fait de même et chacune aussi bien,
chacun à sa façon, chacune à ses couleurs,
les couleurs sont vives, les regards concentrés
brillent d'un feu secret.

Les batteurs de tambours sont dignes et souriants,
ils s'unissent déjà au rythme de la danse,
ce rythme bat en eux, dans leur for intérieur
et bientôt tout est prêt.

Les pas semblent d'abord maladroits, hésitants,
comme on cherche une trace, une mémoire fugace,
puis bientôt ils s'accordent, retrouvent le dessin
de la danse du partage.

Comme l'eau des ruisseaux, ils chantent,
comme l'écorce des arbres, ils chantent,
comme chacun est unique et dépendant de l'autre,
ils chantent,

La danse les emmène et peu à peu ils suivent
accordés à la terre le mouvement des astres,
ils parlent aux ancêtres, à leurs enfants lointains,
à toute l'humanité.

Chacun d'eux représente une expression unique,
de mouvement, de couleurs, de posture et de chant,

la danse qui les entraîne les fait se rencontrer
d'une manière nouvelle.

Les ailes déployées, ils comprennent les mots
chuchotés par le vent, ces mots disent le changement,
et sa morsure intense, mais aussi le phénix,
l'oiseau mystérieux.

Le feu crépite et lance ses lumières dans la nuit,
la danse se poursuit longuement puis s'arrête,
dans le vide qui suit, dans un espace sans fin,
ils ne savent plus rien,

puis bientôt ils reviennent aux formes habituelles,
encore tout imbibés d'espace et de visions,
ils seront habités par l'écume de la danse,
jusqu'à la prochaine fois.

Pierre dressée

Plume bleue du 19 mai :

La Dame choisit une forte plume bleue des ailes de l'oiseau, elle est d'un bleu sombre, presque bleu marine. « Ce bleu marine, ou bleu touareg, ou lapis lazuli me fait penser à l'extrême résistance des humains pour vivre dans des conditions difficiles… »

L'oiseau dit,
« il faut toujours la présence d'un relief pour que le jaune de la lumière révèle le bleu de l'ombre qui la met en valeur, étrangement les étoiles ne sont visibles que la nuit.

Sur la frange de la nuit se dévoile l'espace, juste une étoile suffit, c'est l'absence de lumière qui fait voir la lumière de beaucoup plus prêt. »

Pierre dressée,

Cela a commencé avec cette pierre bleue,
une petite pierre toute ronde, toute lisse et transparente,
trouvée à même le sable, au bord de la rivière,
il la tient dans sa main, cet homme des temps anciens.

Cette pierre le captive, ses yeux y reviennent sans cesse,
il est vêtu de peaux, ouvragées, décorées,

il a peint son visage, ses cheveux sont tressés,
une longue flûte émerge du sac à son côté.

La pierre dans la main, il contemple pensif
les vastes étendues, les vieux arbres et la mer,
et les beaux animaux dont il s'en souvient
il a peint le dessin dans la grotte sacrée.

Il voit tous les visages de ses frères, de ses proches,
des anciens disparus et il cherche à comprendre
le fil qui le relie à cette pierre bleue
de même qu'aux grands arbres à la terre et à l'eau.

Bien sûr il doit souvent tuer les animaux,
bien sûr il faut parfois sacrifier quelques arbres,
pour construire une hutte, il lui vient un profond respect
pour ce qui le nourrit et lui permet de vivre.

Son regard devient vaste comme les grands espaces,
uni, inséparable du soleil, de la lune,
et des vives petites lumières qui scintillent dans la nuit
comme une part mystérieuse de lui-même.

Les mots dont il dispose ne peuvent pas décrire
tout ce qu'il entrevoit et il cherche à comprendre,
alors que son chemin sans efforts l'a mené
au cœur de la forêt, un îlot, une clairière.

Et ici il s'arrête, porteur de sa question,
qu'il commence maintenant à pouvoir formuler :
Qu'est-ce qui fait que nous sommes des êtres différents
des puissants animaux, que sommes nous ?

Dans l'herbe de la clairière, un beau rocher couché,
comme un homme allongé, c'est presque cela, dit il,
et de creuser la terre, de prendre un long levier,
et la pierre est dressée, un peu plus grande que lui.

Voici ce qui ressemble le mieux à un humain,
bien debout sur la terre, modelé de ses os,
mais par sa position érigée vers le haut,
devenu plus grand que lui-même, il relie la terre et le ciel.

Avec ses outils de silex, il ébauche un visage,
mais sans aller plus loin, le visage des humains,
il le sait, est changeant, et il reste longtemps
rêvant dans la présence de cette pierre qu'il a dressé,

la première pierre dressée.

Pirogue

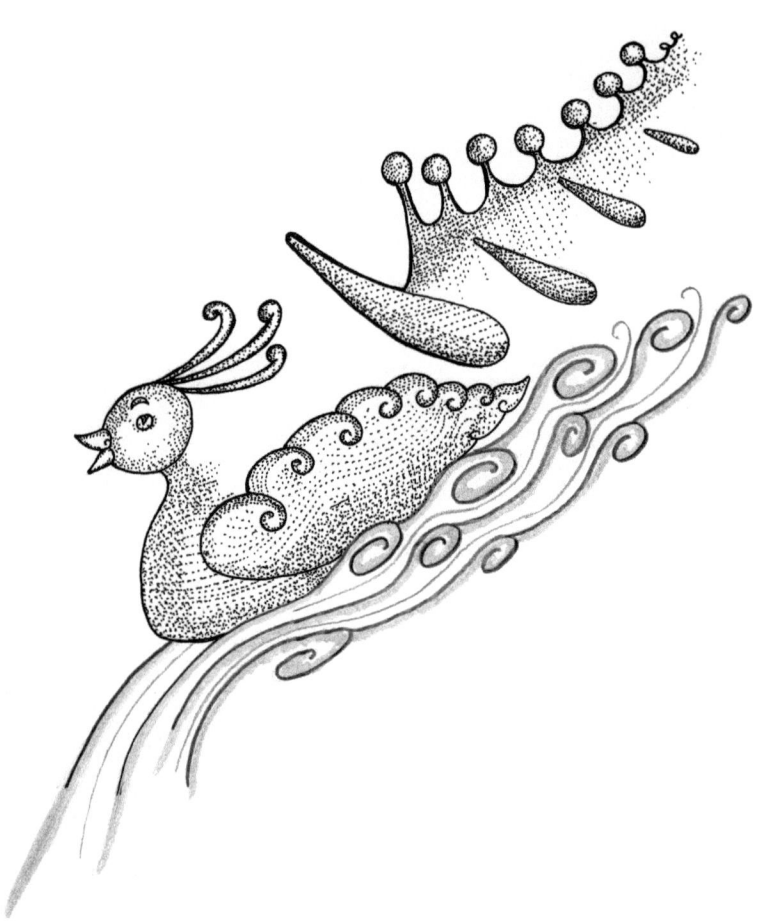

Plume orange du 20 mai :

La Dame choisit une jolie plume orange de la naissance de la queue de l'oiseau. « L'orange me suggère toujours l'Humain premier, ces peuples qui vivent proches de la terre, ils se parent souvent de plumes oranges... »

L'oiseau dit :
« Nous sommes toujours dans cet entre-deux entre l'eau et le ciel, avec une pincée de ce quelque chose que tu ajoutes et qui parfume le tout. »

Pirogue,

La longue pirogue va, elle va,
sur le grand fleuve, l'élan des longues perches
accordé et soutenu par les chants des rameurs,

pirogue de couleur, en figure de proue
un oiseau, bec ouvert, voyageurs sans entraves,
les ailes de l'oiseau sont les flancs du bateau,

hommes et femmes debout, hommes et femmes ils chantent,
bougeant à l'unisson, vêtus seulement d'un pagne,
de parures de plumes, de colliers de couleurs,

leur peau est teintée d'ocre, cheveux noirs coupés droits,
comme une coupe renversée, visages frais et joyeux
et dans le dos des femmes quelquefois un bébé,

ils s'en vont à la fête qui d'année en année
depuis plus de mille ans les convie à danser
le lien qui réunit les gens de la forêt.

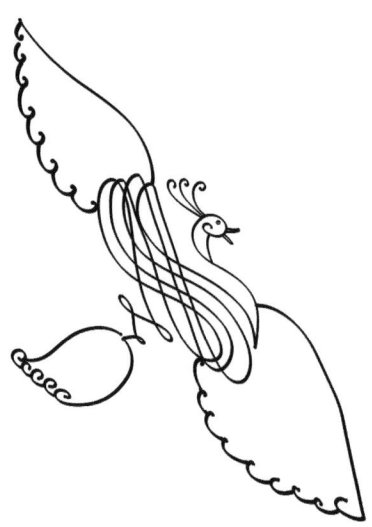

L'Enfant rouge et la plume

Plume rouge du 21 mai :

« Une grande plume rouge des ailes de l'oiseau ferait une belle plume pour mettre à son chapeau, la Dame l'a choisie et plaisante l'oiseau. »

L'oiseau dit :
« *Joie d'écume, joie de braise, joie d'enfant, petit cheval galope au firmament.* »

L'enfant rouge et la plume,

Là, le long du rivage, sur le bord de la mer,
sur cette grande étendue de sable et de dunes,

là, sur le bord de l'eau, de temps en temps encore
submergé un instant par une vague plus forte,

le petit coffre en bois échoué sur cette plage
gisait demi caché dans le sable tout blanc.

Son bois luisant de l'eau, cet objet singulier
arrivé jusqu'ici après un long voyage,

semble attendre quelqu'un d'un peu particulier,
sans doute le messager qui saura le trouver.

L'enfant rouge de bon matin, venant tout juste de se lever,
en compagnie de son cheval s'en est allé,

tantôt courant à ses côtés, tantôt porté dessus son dos,
pour un galop échevelé, au bord de l'eau,

ils sont éclaboussés, douchés, par les gerbes de gouttes d'eau
égaillées partout autour d'eux par les sabots,

l'enfant et le cheval fougueux, de concert sont tout joyeux,
pendant que le soleil se lève et resplendit.

Leur longue course terminée, les deux compères enchantés,
se sont plongés tout en entier dans les flots bleus,

ils se sèchent en marchant, cheval s'est ébroué,
le soleil est plus haut, et ils vont calmement.

Enfant vêtu d'un pagne fait en peau de la biche,
longs cheveux, les pieds nus, on voit sa peau foncée,

ses yeux un peu bridés, une parure de plumes
au dessus de sa tête, tressée dans ses cheveux,

il apparaît très digne, son corps est vigoureux,
il porte un bijou d'or à côté de son cœur.

Les détails apparaissent au regard de l'enfant,
ces petits cailloux ronds qui émergent, luisants,

la belle découpe des bois apportés par la mer,
et puis un drôle d'objet laissé par la marée.

Etrange et bel objet qui émerge du sable,
c'est un coffre de bois grand comme l'avant bras.

L'objet sorti du sable et lavé dans la mer
resplendit au soleil, son bois est presque noir,

une petite clé en or prolonge la serrure,
l'enfant tourne la clé et ouvre doucement.

Dans le coffre une plume, un encrier de verre,
des feuilles de papier blanc, du beau papier épais,

et aussi des feuillets soigneusement rangés
déjà écrits, roulés, entourés d'un ruban.

C'est le coffre d'une dame et des poèmes écrits
à l'aube, chaque matin, quand le soleil se lève.

L'un s'appelle l'enfant rouge, et dit :
« Enfant rouge, enfant de liberté, je vois tes longs galops joyeux sur le bord de la mer,

je vois les plumes dans tes cheveux, et sur ton cœur,
ce bijou d'or, à l'image du soleil,

enfant rouge, prince de ton pays, toi qu'on prendrait
ici seulement pour va-nu-pieds. »

L'enfant a trouvé le poème, il regarde sans les comprendre
le jeu des nombreux caractères bien dessinés,

il met la plume dans ses cheveux en compagnie de celle
de l'aigle, de celle de l'oiseau de couleur, et du corbeau,

c'est une belle plume blanche, peut-être bien celle de l'oie,
l'un des grands oiseaux migrateurs, symbole puissant,

il trempe son doigt dans l'encre bleue, se mirant dans une
flaque d'eau, fait sur sa peau de beaux dessins, très réussis,

il rend tout le reste à la mer et il rêve à ces étrangers
dont il a entendu parler, mais qu'il n'a jamais vu,

on dit d'eux qu'ils auraient, il y a bien longtemps,
apporté les chevaux sur la terre des êtres humains.

Le vieil Homme toujours au delà

Plume bleue du 22 mai :

Longue plume bleue dressée sur la tête de l'oiseau qui sourit, c'est justement celle-ci que la Dame a choisie !

L'oiseau dit :
« Le fleuve s'écoule large et puissant, le fleuve est comme le temps, chaque parcelle de boue qu'il emporte et dépose est une longue mémoire, la trace de quelque chose qui a été.

Les grandes falaises s'élèvent, toutes blanches, chaque particule de craie qui les compose est une trace, la marque d'un être vivant.

Ici et là les coquilles fossiles, lentes sculptures de roche, immobile mémoire, mystérieux symboles, sont à la vue de tous et le fleuve s'écoule large et puissant.

Sur le bord du fleuve du temps, à l'abri des hautes falaises, sur ce limon nourrissant, ils s'arrêtent un moment, mes frères, les oiseaux migrateurs. »

Le vieil homme toujours au-delà.

Il réside au-delà de l'espace, plus loin que les planètes, et les lointaines galaxies, le vieil homme toujours au-delà, dans un lieu situé hors du temps, un lieu mystérieux et secret,

Il attend son heure, le vieil homme, son radieux sourire émergeant
de sa barbe tellement épaisse, composée de longs fils d'argent,
il attend dans ce lieu caché au plus loin du plus loin.

Il était là il y a longtemps pour assister à la naissance
de la dernière version du monde, une nouvelle création,
après les univers sans nombre qu'il a vu naître et disparaître.

Il les revoit en un instant, contemplant la diversité
de ces multiples galaxies qui se sont succédées,
dans le grand déploiement de l'espace et du temps.

Chaque monde différent, étonnant, pertinent,
parfois porteur d'êtres vivants et de toute une vie
qui s'y est déployée d'une manière unique.

Savez vous que l'un d'eux, l'un de ces anciens peuples,
communiquait en jouant une incessante musique,
parfois légère ou symphonique, leur corps en était l'instrument.

Ceux-là se comprenaient et ils se transmettaient
ce grand déferlement de richesse harmonique
comme le font chez nous les oiseaux ou les dauphins.

Chaque succession de notes se transformait pour eux

en un sens très précis, une pensée profonde,
dans une compréhension directe de leur monde.

Savez vous que ceux-ci, les êtres du magma,
vivaient dans un monde de feu se vautrant dans la lave
comme si c'était de l'eau dans une danse d'extase.

Et puis aussi ceux-là, le grand peuple des fleurs,
cultivait la beauté, et quand, après longtemps
de l'avoir crée, puis de la méditer,

s'y mettant tous ensemble jusqu'au niveau subtil,
jusqu'au plus réussi, ils étaient satisfaits,
leur œuvre achevée, plus rien à ajouter,

alors ils se changeaient, après un temps de pause,
en de multiples spores capables de s'envoler,
chacune portant l'essence de ce qu'ils avaient créé,

chacune contenant la somme de ce qu'ensemble ils sont,
et ces spores emportés par le vent des planètes,
par les étoiles s'en vont ensemencer les mondes.

Des univers défilent, et puis d'autres encore,
parus depuis le jour où lui-même a lancé
la toute première semence de cette période de vie.

Alors il sait qu'un jour à la fin de ce cycle,
lorsque toutes les gammes se seront déployées
il aura avec eux un rendez-vous sacré,

toutes les graines de vie et toutes les richesses
de toutes les créations de ces mondes multiples,
comme elles viennent de son rêve, viendront se fondre en lui.

Alors il en sera complètement bouleversé,
alors il en sera totalement changé,
ensuite viendra un long, un très très long silence

et puis comme le phénix de lui-même recréé,
de ce qu'il deviendra une nouvelle semence,
une chose nouvelle, sera lancée au vent.

On ne peut imaginer la singulière beauté,
l'infinie nouveauté des univers suivants
et des myriades d'êtres qui viendront les peupler.

Le vieil homme qui sait sourit avec respect
du manque de patience et des doutes
de ceux-là qui s'appellent eux-mêmes êtres humains
sur une petite planète bleue.

La Quête

Plume orange du 23 mai :

La Dame choisit une plume bleue comme le ciel et l'eau, l'une des fortes plumes des ailes de l'oiseau.
« Cette plume me fait penser à l'infinité de l'espace, et des possibles... »

L'oiseau dit :
« Frêle esquif, un demi bouchon et une allumette, danse sur les vagues de la flaque d'eau.

Navire de bois et de tissus, navire de cordages, figure de proue aux mains ouvertes, cheveux au vent, esquif de vent et de tempête, toujours en partance et souffler dans le coquillage, pour éveiller le vent.

C'est une sorte de navire dont les ailes peuvent pousser, prenant appui sur l'eau, pour s'élever,

et le soleil aussi pourrait gonfler ses voiles et voici maintenant ce bateau tout changé,

bel oiseau, vraiment. »

La quête,

A côté du bateau tous les dauphins s'ébrouent,

ils invitent au départ, leur joyeuse impatience
devient à chaque instant plus communicative.

La figure de proue, une femme aux vêtements bleus,
brandit une fleur orange dans sa main dressée haut,
les flots de ses cheveux sont les flancs du bateau.

Ce grand voilier solaire est porté par les vents
et les feux du soleil, sa grand voile en attente
comme une montgolfière domine le tableau.

Surcroît d'activité les derniers chargements
sont bientôt arrimés, chacun dans ses quartiers,
sous les chants des marins, le navire est paré.

Le vent gonfle ses voiles, il commence à glisser
fluide sur les eaux calmes, un rayon de soleil
allume un feu soudain aux yeux de l'homme de barre.

Encourageant chacun de leur langage flûté
les dauphins sont partis, ils émergent et replongent
dans leur nage rapide, pour montrer le chemin.

Le navire suit leurs traces sous les derniers adieux
les cris et les hourras, comme le temps est clément,
les passagers se sont égaillés sur le pont.

Hommes et Femmes sont ici singuliers messagers
d'un peuple, d'une contrée, issus de tous pays,
de toutes les cultures, de toutes les couleurs.

Emissaires de la terre, ils sont là des milliers,
quel étrange assemblage coloré, bigarré,
par un mystère spécial, ils peuvent se parler.

De tous temps la question avait été posée,
celle de l'humanité, et de ses différences,
ceux-là s'en vont chercher une réponse nouvelle.

Sont présents les plus beaux, les plus intelligents,
les sages et les poètes, les habiles, les étranges,
tous ceux-là qui pourraient être utiles à la quête.

Le navire a doublé plusieurs fois l'horizon
dans sa course rapide, puis gonflé du soleil,
commence à déserter l'océan pour le ciel.

La figure de proue se dresse dans l'azur,
les cheveux dans le vent, défiant la pesanteur,
le beau navire s'élève dans les feux du soleil.

Lumière dans leurs yeux, douceur de leurs sourires
emplis d'étonnement, une chose nouvelle
qu'on pensait impossible vient d'arriver, pourtant.

Le grand navire soudain a déployé ses ailes,
son ombre diminue en surface de la terre
bientôt s'en est allé au-delà du soleil.

Voici les passagers, leurs vêtements luisants,
leurs visages souriants, tous sont honorés,
qui aurait pu penser que la peau d'un humain
pourrait se décliner en couleurs si variées,

ils sont là côte à côte, ils sont partis en quête,
voyez leur apparence certains vont presque nus,
voyez tous ces objets qu'ils emmènent avec eux,
les sacs et les bijoux, les fruits, les nourritures,

ils sont comme des symboles, des notes singulières,
de leur appartenance de leur identité.

Les dauphins continuent de montrer le chemin,
devenus grands oiseaux de l'espace des planètes,
ont oublié la faim, ont oublié le temps,
leur trajet s'accomplit l'espace d'un instant.

Le bateau ralentit, ils sont presque arrivés,
les dauphins tournent autour d'une sphère luisante,
si petite ou si grande qui pourrait nous le dire,
un peu intimidés ils se sont approchés.

Le miroir a d'abord reflété leur image,
passant de l'une à l'un comme pour les accueillir,
sont apparus ensuite les visages du passé,
ceux de tous les ancêtres, depuis le temps d'avant,

à chacun sa couleur, son type de vêtement,
sa manière de vivre, sa façon de le dire,
une danse commence où ils viennent poser
à leur tour la question qui les a amenés :

A quoi ressemble un être Humain ?

Cette question posée en de multiples langues
et de multiples gestes, par chacun différent,
tous assistent à cela et voient la succession,
de tous ces beaux visages, des postures et des sons,

ils entendent les mots, les milliers de langages,
aux mille consonances les plus inattendues,
ils voient les vêtements, les objets, les bijoux,
chaque aspect en détail, avec une grande clarté,

ainsi pendant des jours ils se sont succédés
et chacun a montré sans s'en apercevoir,
la réussite vraie, la force et la beauté
du groupe d'être humains qu'il vient représenter.

Tous alors ont compris, étonnés qu'ils étaient,
d'une telle richesse, d'une telle diversité,
ils savent que maintenant ils peuvent s'en retourner
pour aller dire aux autres ce qu'ils ont découvert :

« continuez de créer et de sauvegarder la grande diversité, les multiples visages de toute l'Humanité. »

La Dame du temps d'avant

Plume vert clair du 24 mai :

Les plumes vert clair sont des plumes de l'extérieur des pattes de l'oiseau, la Dame en choisit une un peu ébouriffée. « vert clair comme la sève de l'arbre, la force de vie… »

L'oiseau dit :
« J'ai longé les rivages jonchés de bois flotté, de troncs dénudés et d'écorces rares, chacune une part de la mémoire d'un arbre qui a été, chacune comme un joyau de forme et de présence qui nous parle du temps et de l'identité.

A travers cet afflux de formes et de textures, ces écorces nous ramènent à un arbre intérieur, à un lieu hors du temps, visages des ancêtres qui nous avaient rêvés. Ils nous avaient souhaités, nous marchons dans leur rêve, nous marchons dans leurs traces et leur chant nous revient.

Marchant sur le rivage, ces écorces et ces troncs, cette mémoire des ancêtres que tu peux ramasser rejoindre, comme une réponse muette, ou peut-être une question. »

La Dame du temps d'avant,

Elle pense la Dame du temps d'avant, faisant doucement tourner la fleur blanche dans sa main, elle pense la grand mère des humains, l'ancienne, il y a 70 000 ans...

« Ce que nous sommes, nous êtres humains est un mystère, nous sommes le rêve endormi d'un grand être, quelque chose de très joyeux qui pourrait advenir... »

Assise à l'ombre du grand arbre, elle dit : « j'ai rêvé cette nuit de mes filles et mes fils à venir. Je les ai vus en quatre couleurs coloniser la terre entière.

J'ai vu mes filles et mes fils noirs comme moi, ce sont les plus joyeux, ils sont habités sans cesse de rythmes et de danse, ils s'habillent d'ocre et de végétaux, préfèrent conter plutôt qu'écrire. Ils habitent particulièrement la terre de toutes les richesses nommée Afrique.

J'ai vu mes filles et mes fils jaunes, vêtus de soie et de soleil, artistes adroits et artisans superbes pour une terre de beauté nommée Asie.

j'ai vu mes filles et mes fils rouges, libres enfants du

vent, vêtus de plumes et de couleurs, qui parlent avec les mains dans les vastes pays d'Amérique.

j'ai vu mes filles et mes fils blancs, constructeurs et poètes, musiciens étonnants et cultivateurs, vêtus de laine et de peaux des terres si variées d' Europe.

Puis j'ai vu le temps des conquêtes et des guerres, des désastres et des destructions, alors que tous ceux-là devenaient de plus en plus nombreux.
Jusqu'à ce que cela les rapproche, finalement, pour donner naissance à l'humain multicolore...

Ne saviez vous pas que l'humain a au moins quatre couleurs, ou quatre fois quatre, ou quatre cent mille couleurs...

Et savez vous à quoi ressemble un être humain ?

à une goutte d'eau dont la transparence reflète la lumière...

à la fleur d'un arbre tellement gigantesque qu'il ne peut apercevoir ses propres racines....

à un empilement de galets multicolores tout ronds reposant les uns sur les autres, et le dernier galet croit que c'est lui qui maintient l'édifice car lui seul semble avoir des yeux...

à la petite braise qui pourrait allumer le feu suivant...

il est aussi semblable à un oignon, il y a de nombreuses couches, mais c'est bien du coeur que pousse la fleur...»

Elle pense la Dame du temps d'avant, faisant doucement tourner la fleur blanche dans sa main, elle pense la grand mère des humains, l'ancienne, il y a 70 000 ans...

Cette jeune Femme

Plume violette du 25 mai :

Il y a de petites plumes violettes autour du bec de l'oiseau, c'est l'une d'entre elles que la Dame a choisie aujourd'hui ; une plume de la couleur de l'encre des encriers d'autrefois, pour faire des pleins et des déliés.
« Le violet est il une belle couleur pour la poésie des mots, ami l'Oiseau ? »

L'oiseau dit :
« J'ai vu tant de contrées que j'ai croisé tous les langages de tous les peuples de la terre.
Ce n'est pas seulement l'usage qui invente les mots, certains humains les créent.
Il y eu dans le passé de bons artistes en mots, il y en aura encore.
La vie de tout un peuple s'appuie sur son langage et souvent les beaux mots fabriquent de bels gens. »

Cette jeune femme,

Cette jeune femme coiffait ses cheveux noirs de jais
face au miroir liquide du petit lac turquoise,
son regard se fondait dans cette transparence
égaillée des couleurs des fleurs à l'entour.

Sa pensée se faisait peu à peu plus profonde

comme on ôte doucement des voiles un à un,
comme la neige qui fond dans un creux de rocher
et miroite au soleil, on peut la voir de loin.

Elle se sentait unie aux êtres et aux objets,
vaste comme la montagne, spacieuse comme le ciel,
sa présence devenait comme une tapisserie
où le jeu des fils d'or rehausse les couleurs.

Elle trouve alors les sons, elle crée alors les mots,
des mots pour la montagne, pour la biche, pour l'oiseau,
elle nomme aussi l'abeille, la fleur et le ruisseau,
chaque nom comme une richesse, avec une joie nouvelle.

Elle prononce avec soin ces mots tout juste nés
dans un profond respect, pour ne pas les froisser,
ce n'est que le début mais tout en est changé,
car à nouveau langage nouvelle humanité.

Princesse de l'eau

Plume bleue du 26 mai :

C'est une plume turquoise du corps de l'oiseau que la Dame a choisie, une toute petite plume aux reflets merveilleux. C'est la couleur de l'eau des récifs de corail et des îles du pacifique.

L'oiseau dit :
« Je connais certains mots du langage de la mer, la mer nourrit et transforme tout ce qui vient à sa rencontre.

Certains poissons sont les oiseaux de la mer, as-tu entendu leur chant ?

Un caillou dans l'eau et un caillou dans l'air, est-ce que ce sont les mêmes ?

Juste sur le rivage, luisant comme un joyau, il nous parle de l'intermédiaire, de la rencontre entre deux mondes. Un peu de terre aux parfums d'océan, un peu du secret de la mer, offert.

Tu sais que tu ne vas pas le ramasser, car alors la magie est finie.

Certains poissons sont les oiseaux de la mer, ils ont

quelque secret à te dire à l'oreille, ils pourraient te guider au creux des forêts d'algues, pour trouver le lieu important, le lieu pour comprendre.

Alors, ton caillou de terre, tu le lances dans la mer, et il en est changé, il devient à présent un caillou intérieur, caillou blanc qui descend doucement dans l'eau claire, petit caillou posé sur le sable doré, petit caillou tout blanc qui repose bien au chaud dans ton cœur, en secret. »

Princesse de l'eau,

Tu jaillis, tu crèves la surface
de l'océan tout calme, après un si long temps,
ta couronne dorée resplendit au soleil,
toi que chacun croyait disparue à jamais.

Tu t'ébroues hors de l'eau, secoues tes longs cheveux
sombres et bleus comme de l'encre sous les feux du soleil,
les écailles de ton dos dévoilent quand tu bouges
des turquoises et des verts, et des reflets orange.

Tu danses à la surface pareille à un dauphin,
dressée sur cette queue qui depuis si longtemps,
te propulse, te porte, pour évoluer légère
au cœur des forêts d'algues de tes palais marins.

Tu t'en allais glaner les pierres de couleur,
tu allais les chercher plongeant au plus profond,
tu t'en allais danser au milieu des poissons,
valser en compagnie de la grande baleine.

De ta nage rapide, tu t'approches, tu t'en viens,
dessinant ton sillage vers la terre des humains,
tu fais chanter gaiement de ton souffle puissant
la conque très ancienne, trois fois tu y reviens.

Chacun lève les yeux surpris de son labeur
où interrompt ses jeux, sans bien savoir pourquoi,
puis bientôt les reprend mais un sourire nouveau
est présent dans son cœur et ses yeux sont brillants.

On aperçoit soudain pour un très court moment
le rouge étincelant du corail qui te pare,
alors que tu envoies de tes mains, à poignées,
tes pierres de couleur là-bas jusqu'au rivage.

Tu sais que quelques uns au moins les trouveront,
qu'ils sauront les garder, les porteront sur eux
et qu'ils les transmettront pour dire n'oubliez pas :
préservez l'océan, c'est un trésor précieux !

La plume de la Reine

Plume d'argent du 27 mai :

Encore une plume d'argent dit l'oiseau je vois que vous les affectionnez tout particulièrement !

L'oiseau dit :
« La couronne ou le diadème de la Reine n'est pas du tout de même nature que la couronne du Roi, la couronne du Roi incarne l'autorité et le pouvoir, imposé par la force, au besoin,

le diadème de la Reine exprime la supériorité de la compréhension du cœur, de la compassion, cette intelligence qui voit, qui pénètre la réalité. »

La plume de la Reine,

La Reine s'est assise à la table d'écriture,
un joli écritoire tout de bois ouvragé
de motifs de fleurs et d'animaux sculptés.
La biche et la licorne, le lion et le serpent,
y sont entrelacés, au milieu d'ornements
d'arbres aux branches fleuries, de feuilles et de fruits.

La fenêtre dévoile un beau panorama,
un vaste paysage, de collines, de forêt,
de terres cultivées, de champs et de vergers.

La Reine tient dans sa main une plume d'argent
qui scintille et qui brille au soleil du matin,
comme luit le diadème dans ses longs cheveux bruns.

Son vêtement est paré des couleurs les plus chaudes
entrelacement de rouges, d'oranges et de jaunes,
à peine rehaussés des bleus et des violets.
Un gros livre est posé devant la Dame assise
où chaque jour de sa main elle écrit une histoire
qui enchantera les rêves de ses enfants le soir.

Une plume d'argent posée dans son écrin
repose, oubliée, dans un trou de la terre,
où poussait autrefois le vieux chêne majestueux.
Le chêne de 1000 ans qui trônait en ce lieu
a lui-même disparu depuis tellement longtemps,
qu'il en est effacé de la mémoire des hommes.

Sur la route bitumée les camions se suivaient,
dans le ciel les avions, dans le nouveau décors,
la fumée des usines obscurcissait le ciel.
La jeune femme a garé sa voiture sur le bord,
elle l'a fermée à clé, éteint son téléphone,
et se prend à marcher tout droit à travers champs.

Chaque pas sur la terre, elle laisse venir un chant,
chaque pas sur la terre, sourire montre ses dents,

s'arrête à cet endroit, sans bien savoir pourquoi.
Une impression légère, juste un pressentiment,
c'est comme si le vent lui disait à l'oreille
se trouve ici caché quelque chose d'important.

Son regard à présent devient plus pénétrant,
guettant le moindre signe, un rayon du soleil
allume sur la terre petit éclair d'argent.
Elle s'en est approchée, elle a creusé un peu,
l'objet est apparu, petit coffre tout blanc,
petit coffre d'argent, ouvragé joliment.

Elle le pose avec soin, elle s'assied à côté,
le coffre s'est ouvert sans grandes difficultés,
et la plume apparaît toute neuve dans le soleil.
Elle la prend dans ses doigts, l'instant est important,
un petit mot plié au dessous est posé.
Ouvre bientôt le mot, un peu fébrilement.

Le mot lui dit : amie, je sais que tu viendras
un jour, dans bien longtemps, quand la mémoire du chêne
que j'ai planté ici sera même effacée.
Quand toutes les histoires que j'avais raconté
auront été perdues, pour ce temps qui viendra
tu trouveras ici cette plume d'argent.

Avec elle chaque jour, mets tes habits de Reine,
elle saura te dicter les histoires qu'il faut,
histoires de la beauté du monde et des gens.
histoires pour penser, histoires pour sourire,
et tu pourras les lire le soir à tes enfants,
pour que leur nuit soit bonne, pour enchanter leurs rêves.

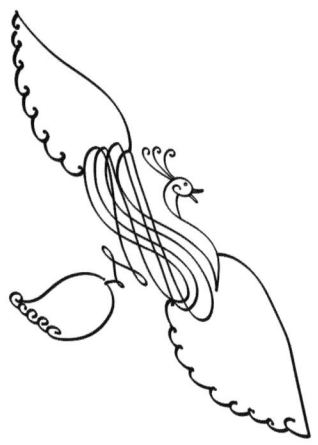

Tapisserie

Plume de paon du 28 mai :

La Dame choisit la deuxième longue plume arc-en-ciel qui orne la longue queue de l'oiseau. « Nous avons sans cesse le souhait d'une trêve, d'un renouveau, de temps en temps, après la pluie, l'arc-en-ciel est là… »

L'oiseau dit :
« Le dessin de la branche, de la feuille, de la fleur, sont parfaits, il n'y a pas d'erreur, et pas deux identiques ! »

Tapisserie,

Le réseau de fils d'or de cette tapisserie
était étourdissant, la beauté du travail
était presque incroyable, du jamais vu avant.

Ces bleus, ces rouges, ces verts, et ces couleurs de terre,
ainsi que les touches d'or, tout contribuait à faire
de ce lacis de fils un succès surprenant.

Le soleil déclinant, la Dame était encore
penchée sur son ouvrage, portant ici ou là
les dernières retouches, pour que tout soit parfait.

C'était l'accomplissement d'un vœu, d'une promesse,
à l'homme de passage, ce vieil homme étonnant
au doux regard d'enfant lui avait dit : belle Dame,

le monde souffre d'un mal que ma science paraît
impuissante à soigner, notre peuple a perdu
le sens de la beauté, il ne sait plus la voir,

il ne respecte plus les forêts, les ruisseaux,
ni les beaux animaux, il ne se soucie plus
que d'amasser des biens, et a soif du pouvoir.

Le monde semble réduit pour nos concitoyens
à une chose sans vie, ils vont perdre leur âme,
et sont très malheureux, pourriez vous, s'il vous plait,

créer, vous qui savez, de vos mains un objet
qui ouvrirait leurs yeux, leur ferait retrouver
la vue de la beauté des humains et du monde.

La jeune femme est d'abord un peu interloquée
de cette demande étrange, puis elle réfléchit,
il lui vient une idée, elle promet d'essayer.

Dans ce lieu confortable où elle s'est installée,
intensément elle pense : Depuis toujours nous autres,
femmes de ces contrées, tissons les vêtements,

chaque jour de porter ces habits de couleur,
la vie en est plus belle. Je m'en vais de ce pas
tisser un vêtement pour habiller l'esprit,

réveiller ses couleurs, comme un joli miroir
de la beauté du monde. Elle prépare une trame,
elle choisit avec soin les bobines de couleur,

et sous ses doigts habiles les motifs, les dessins,
apparaissent un à un. Au centre du tableau
est placé un grand arbre, c'est peut être un pommier,

autour, et jusqu'au fond, de vastes paysages
de bois et de forêts, des terres cultivées,
des ruisseaux, des rivières, des parcs et des jardins.

L'homme et la femme debout se tiennent par la main
serviteurs du jardin, on les sent accordés,
attentifs à la vie, ils travaillent de concert.

La licorne est tout près, elle veille tranquille,
et sous les yeux du couple de partout les oiseaux
et tous les animaux s'en vont en liberté.

Tout en bas du tableau
la dame a ajouté les quelques mots qui suivent :

«Des uns et des autres, tous nous dépendons, car l'esprit est partout et la vie si fragile,»

Son travail est achevé, demain, il va être montré pour la première fois, sera-t-elle comprise, sera-t-il conservé, la jeune femme ne le sait.

Résistance

Plume bleue marine du 29 mai :

Il y a une longue ligne de plumes bleues «touareg » en travers des ailes de l'oiseau, la Dame choisit l'une d'entres elles, aujourd'hui, pardi !

L'oiseau dit :
« Je suis allé glaner une pleine réserve de petits soleils à prendre dans la main pour les distribuer à tous ceux que tu croises. »

Résistance,

Elle porte sa robe bleue comme le bleu des touaregs
et des chaussons de danse, elle porte dans ses cheveux
et autour de son cou des parures de couleur,
Ballerine du printemps, Ballerine de la résistance,
elle danse,

tous auraient pu se résoudre à la laideur, à la grisaille,
et au sommeil de l'habitude, mais elle danse,
Ballerine du printemps,

tous auraient pu se résoudre à la froide efficacité,
ou à la souffrance muette, mais au tempo des ses grelots,
elle danse, Ballerine de la résistance,

à présent elle dessine la danse des saisons,
du lien et du partage, elle mime l'hiver,
et tout est ralenti, pesant comme la neige,

puis tout à coup légère elle va de-ci de-là,
telle le papillon, elle ouvre grand ses bras
pour offrir à chacun une fleur du printemps,

elle s'arrête un instant, bras tendu vers le haut,
légère, ciblant le ciel, puis dans le temps suivant,
stable comme un rocher, montre du doigt la terre,

une main sur son cœur, une main tournée vers toi,
elle tourne, elle virevolte, et chacun maintenant
fait partie de la danse dans une farandole,

Ballerine du printemps
tu es venue danser
pour nous réconforter,

Ballerine du printemps
alors s'en est allée
au fin fond des vallées.

La Dame du Pôle

Plume blanche du 30 mai :

Trois petites plumes blanches ornent la tête de l'oiseau, juste à côté de la houppette, c'est justement l'une d'entre elles que la Dame a choisie aujourd'hui.

Alors l'oiseau dit :
« J'étais déjà présent au moment du déluge et là j'ai vraiment cru que c'en était fini, qui pourrait croire cela, en regardant le monde tel qu'il est aujourd'hui ! »

La Dame du pôle,

Elle parcourt à pas lents les couloirs silencieux
de son palais de glace, la Dame du pôle,
dans cet univers blanc ses vêtements de couleur
forment comme un îlot, un contraste étonnant.

Sa longue et ample robe est un déferlement
de bleus et de turquoises, d'oranges, de rouges, de jaunes,
elle a paré de fleurs ses longs cheveux tressés
et porte dans ses bras un immense bouquet.

De temps en temps elle sort marcher dans la tourmente
et dans le froid glacé, il ne peut pas l'atteindre,
elle parcourt longuement les étendues désertes,
grandioses et sévères, où toute vie est cachée.

Elle sait alors qu'elle est la dernière ressource
pour des temps redoutés auxquels elle ne veut croire,
lorsque toutes les couleurs se seront effacées
de tous les paysages, dans son cœur elles vivront.

Nul ne saurait la voir alors qu'elle déambule
dans les enchantements de ses secrets voyages,
elle parcourt comme le vent les étendues glacées,
monte en haut des sommets, pour contempler la mer.

Bien sûr c'est arrivé, un jour un voyageur,
un marcheur égaré, n'en croyant pas ses yeux,
a cru dans la tempête deviner quelque chose,
il ne sait pas bien quoi, des légendes sont nées.

Elle parcourt à pas lents les couloirs silencieux
de son palais de glace, la Dame du pôle,
quand tout aura gelé, quand tout sera perdu,
disparu, alors viendra son temps.

Dans ses greniers polaires, elle viendra puiser
les grands sacs de graines qu'elle a mis de côté
pour sillonner la terre libérant à foison
le grand pouvoir des fleurs pour tout recommencer.
et son sourire si gai,
est-ce que vous le voyez ?
Est-ce que vous le voyez ?

La Dame de Paix

Plume bleue du 31 mai :

C'est une plume d'un beau bleu ciel, la couleur de la paix, que la Dame a choisie pour ce dernier jour.

L'oiseau dit :
« J'ai cueilli aujourd'hui première fleur du printemps, après marée étale de l'hiver et tout est imprégné de l'attente, du nouveau.

A peine discernable, ce début, mais tout le monde ici est déjà au courant, cela est chuchoté, cela est discuté, de chant d'oiseau à oreille de biche, et l'ami écureuil déjà en a parlé, mais oui, il vient !

Les feuilles de l'an passé sont déjà soulevées, écartées, par les pousses nouvelles, tout retourne à la terre, tout retourne à la vie. »

La Dame de paix,

Elle réside au plus haut des plus belles montagnes,
se tenant loin des hommes, parfois elle apparaît,
quand le vent le permet, la Dame de paix,
son visage est si doux, si paisible, si enjoué,
elle se tient là debout, une fleur à la main,
toute de légèreté, elle sourit doucement.

Une ample cape bleue recouvre ses épaules
et laisse deviner sa longue robe blanche
d'où émanent parfois des reflets d'arc en ciel,
elle murmure pour tous des mots d'encouragement,
des paroles d'apaisement, car j'ai vu, nous dit elle
ce qu'est la vie en bas je sais ce qu'il en est.

Je sais que le courant entraîne à sa façon
chacun des voyageurs, il l'entoure et l'enferme
sans jamais faire de pause un peu plus chaque jour,
pourtant, comme tout change sans cesse et comme le temps
n'a pas encore tout dit de ses secrets cachés,
peut venir le moment d'un recommencement.

C'est d'abord un bourgeon minuscule, entouré
d'un tout petit halo de lumière isolé
dans l'océan des ronces et de l'obscurité,
mais comme tu y crois, comme tu sais qu'il est
l'un des évènements les plus précieux du monde,
tu vas en prendre soin l'arroser chaque jour.

Elle réside au plus haut des plus belles montagnes
et te dit à l'oreille des mots d'encouragement,
des paroles d'apaisement, la Dame de paix.

Le temps de Pierrot

L'oiseau et la Dame se retrouvent le soir de ce dernier jour de mai.
L'oiseau dit : « C'est bientôt le moment de nous séparer, car je vais entreprendre mes voyages d'été, choisissez belle Dame une dernière plume, pour une toute dernière histoire ! »
La Dame choisit une grande plume blanche qui est au centre de la queue de l'oiseau et l'oiseau de poursuivre :

« Au clair de la lune,
mon ami Pierrot,
prête moi ta plume,
pour écrire un mot,
ma chandelle est morte,
je n'ai plus de feu,
ouvres moi ta porte,
pour l'amour de Dieu. »

Le temps de Pierrot :

Quand tout s'est endormi, quand est venue la nuit,
au tout dernier étage, c'est le temps de Pierrot.
En surplomb de la ville, des maisons et des tours,
il s'est installé là, assis sur le balcon.
Les dernières lumières de la ville en sommeil
s'éteignent une à une, tout s'en vient au repos.

Pierrot est entouré de ses objets précieux
une plume, du papier, une chandelle allumée.
Sa guitare accordée a le son de la harpe,
un gros bouquet de fleurs est posé à ses pieds,
ce sont des fleurs des champs de toutes les couleurs
cueillies dans la journée, sur un tapis posées.

Pierrot est tout heureux de sa petite chandelle,
car elle permet d'écrire dans cette obscurité,
sans gêner pour autant le déploiement tout blanc
que son amie la lune tout alentour répand.

Il contemple sans fin ses dessins mystérieux
et il écrit ses fables chuchotées dans la nuit,
et puis après un temps laisse la plume posée
pour prendre la guitare et se mettre à chanter.

il dit :
Dans le refuge bleu de la nuit étoilée,
l'astre blanc qui se lève a blanchi mon costume,
dans mon abri secret, j'observe de plus haut
les maisons endormies où tous vous rêvez.

La plume de l'oiseau court sur le papier,
ma chandelle allumée je vous écris des mots,
je les dis à la lune, je les chante à la nuit,
je les envoie vers vous comme un cadeau léger.

Le blanc de mon vêtement est celui de la neige
qui couvre le repos tranquille de l'hiver,
et paré de la lune je veille sur vos rêves,
et je lance vers vos cœurs mes mots de réconfort.

Une à une il envoie mille fleurs dans la nuit,
une à une elles s'envolent par-là ou par-ici,

la première a été au moins jusqu'à la lune
et chacune vers chacun des rêveurs endormis.
Et là pierrot sourit, et il est tout joyeux,
il baille puis il s'étire, et s'en va se coucher.

Car demain le soleil s'en viendra révéler
son costume de couleur et celui de chacun,
et là nous verrons bien ce qu'il en est alors
de l'Arlequin !

La Dame dit :
« Quel bonheur que toutes ces histoires, ami l'oiseau, je m'en souviendrai toujours, je les raconterai à mon tour. Je sais bien que tous ces personnages, la Dame du pôle, le Bonhomme des jardins, la Licorne, où la Dame de paix n'existent pas vraiment, qu'on ne pourrait les trouver à l'extérieur. Pourtant je sais qu'ils sont là, dormants ou vivants dans le cœur de

chacun, et qu'ils sont les vraies causes de beaucoup de bonnes choses ici.
Ami l'oiseau, comment te remercier ? »

L'oiseau dit :

Je suis toujours très heureux de chanter, n'en suis jamais lassé, particulièrement au retour des beaux jours.
Belle Dame, permet moi simplement de revenir dans tes jardins me reposer des grands voyages, me reposer aussi de la tristesse des contrées où plus personne ne prête oreille à mes chants.
Ce furent des moments rares, aussi, faisons serment de nous retrouver ici dans une année, pour le prochain mois de mai, j'aurai d'autres histoires à raconter !
Parole d'oiseau !

Ce livre est auto-édité, il n'existe que par les amis qui le portent, alors si vous l'aimez aidez moi à le faire connaître, offrez le, créez des liens vers mon site...

www.bovisage.fr
didiereudes@gmail.com